Género Ficción

Pregunta esencial
¿Adónde te puede llevar la imaginación?

África

Virginia Segret Mouro
ilustrado por Patricia Acosta

CAPÍTULO 1

Lautaro en el campo

—¡Bienvenido, Lautaro, qué grata sorpresa!

El abuelo abría los brazos para recibir al nieto que llegaba de la mano de su mamá. Lautaro pasaría unos hermosos días de vacaciones con los abuelos.

—Tomaré el té contigo y con la abuela, y luego partiré —dijo Lucy, la madre de Lautaro.

—¡Me alegra tanto estar aquí! ¡Es tan divertido el campo! —exclamó el niño.

—Hay aquí muchas cosas para entretenerte y disfrutar —aseguró la abuela.

La familia tomó el té con deliciosos bizcochos caseros hechos por el abuelo. Conversaron un buen rato en la sala y, finalmente, la madre de Lautaro partió.

El cielo estaba gris y amenazaba lluvias.

Después de cenar, el pequeño Lautaro le pidió a sus abuelos que, antes de ir a dormir, compartieran con él alguna lectura. Pero ya era tarde y había que descansar.

—Tendremos mucho tiempo para eso, Lautaro. Tenemos un libro sobre África que te va a interesar mucho. Lo veremos mañana —dijo el abuelo.

ÁFRICA

El día había amanecido lluvioso y, por eso, Lautaro había dormido hasta muy tarde.

Después del almuerzo, el abuelo lo acompañó hasta la biblioteca donde estaban los libros que al pequeño tanto le gustaban.

—Es un día ideal para leer buenos libros. Muchos libros tienen temas interesantes y siempre se puede aprender algo nuevo —dijo el abuelo.

—Me gustaría saber muchas cosas, abuelo, tantas cosas como sabes tú —dijo Lautaro mirando los estantes llenos de libros.

—Lee mucho y así aprenderás. Ven, aquí está el libro prometido: *África* —dijo el abuelo.

CAPÍTULO 2

Explorando África

El abuelo bajó un voluminoso libro de tapas verdes, bastante antiguo, desde el anaquel más alto.

—Disfrútalo, pequeño, porque es un libro muy bello y valioso.

Junto a la ventana que daba al campo, Lautaro comenzó a pasar las hojas: bellísimas ilustraciones a todo color llenaban varias páginas.

El niño estaba fascinado.

Las pequeñitas manos de Lautaro pasaban las grandes hojas; los ojitos oscuros del niño brillaban ante las imágenes de la selva y sus animales exóticos.

Había elefantes, jirafas de largo cuello, leones rugiendo y elegantes gacelas en la sabana. También había altísimos árboles de hojas húmedas, tan brillantes como la mirada emocionada del niño.

Lautaro dejó volar su imaginación.

Lautaro miraba las ilustraciones e imaginaba que, junto a su querido abuelo, era un explorador en esa selva lejana.

En una página había una pequeña cascada de aguas transparentes. Lautaro se imaginaba que él y su abuelo, vestidos con las ropas que usan los exploradores, bebían el agua fresca.

Luego, al mirar otra ilustración, Lautaro se veía montado en un elefante de larguísima trompa y dulces ojos, mientras su abuelo lo sostenía abrazado para protegerlo.

Lautaro imaginó el chillido de los monos que ilustraban una página.

“Qué divertidos están. ¡Saltan de rama en rama!”, pensó mientras imaginaba a su abuelo sonriente a su lado.

El niño imaginó que su abuelo le explicaba que los monos son felices y libres en la selva. La selva es su sitio porque allí han nacido y es su lugar en la naturaleza.

“La selva es tan grande, tan interesante y tan verde...”, pensaba Lautaro. Todo allí estaba en armonía con la naturaleza. Las plantas eran enormes y bellas. Los animales vivían tranquilamente.

El pequeño recordó lo que siempre le explicaba su abuelo: “Es importante ayudar a conservar la naturaleza”.

El abuelo tenía mucha razón. La selva era un lugar fascinante. Había que protegerlo.

Seguía lloviendo. Las gotas golpeaban la ventana de la biblioteca.

Detective del lenguaje	**¿Qué adverbio tiene la oración subrayada en esta página?**

Sentadito en su sillón, el niño dio vuelta otra página.

¡La ilustración mostraba una hilera de hormigas! Una decena de hormigas coloradas iban hacia el tronco de un gran árbol.

Lautaro se imaginó que el abuelo le proponía: "¡Exploremos para ver dónde viven!".

La ilustración mostraba un tronco hueco. Allí entraban las hormigas. ¡Eran cientos! ¡Eran miles! ¡Y llevaban en sus lomos pesadas cargas! "¡Las hormigas son camiones de transporte de alimentos!", se dijo Lautaro riendo.

Lautaro imaginaba nuevamente la voz de su abuelo: "Ven, Lautaro. Veremos cómo guardan su comida en el hormiguero".

El colorido libro sobre África era maravilloso. Mostraba un mundo nuevo para el niño. Invitaba cada vez más a la aventura.

En la última página, una ilustración mostraba un animal herido. Era un monito. ¿Qué le habría pasado?

Lautaro imaginó que, junto a su abuelo, quitaban la espina de la pata del animal.

El mono, agradecido con ellos, chillaba de felicidad.

El abuelo sonreía. Lautaro, también.

CAPÍTULO 3

Los libros fascinantes

La puerta se abrió. La cabeza bondadosa del abuelo asomó sonriente.

—¿Y cómo va la lectura del libro, Lautaro?

El niño comentó a su abuelo todo lo que había descubierto en el libro sobre África. Le dijo que había imaginado que, juntos, exploraban ese territorio. Le contó lo de las hormigas, lo del monito herido...

—He leído sobre las cebras, los leones, las gacelas... ¡Aprendí muchas cosas nuevas, abuelo! —dijo.

—África es un continente maravilloso. Habrás visto cuántas plantas hay y qué bella es la selva verde.

—¿Podremos ir juntos algún día? —preguntó Lautaro.

El abuelo sonrió.

—Haremos lo posible para ir de paseo a África, pequeño —dijo.

—Sería un viaje fabuloso, abuelo, porque podríamos visitar la cascada que vi en una foto y divertirnos con los juegos de los monos.

—¡Ya lo creo! Pero, mientras tanto, puedes descubrir más cosas sobre África leyendo otros libros. En aquel estante tengo una enciclopedia que tiene muchas más fotos. ¿Quieres que lo miremos juntos? —preguntó el abuelo.

—Sí, abuelo. ¡Veámoslo juntos! Alcánzame un papel y lápices de colores, por favor, porque luego quiero dibujar lo que aprendí de África —dijo Lautaro.

Detective del lenguaje	**La oración subrayada en esta página, ¿es interrogativa o exclamativa? ¿Cómo lo sabes?**

Lautaro creó hermosos dibujos de colores recordando lo que había imaginado mientras leía el gran libro del abuelo.

La lluvia aún seguía cayendo y mojaba el campo sembrado. El abuelo miró con mucha ternura a su nietito. Admiró los dibujos que Lautaro había hecho con tanto entusiasmo e imaginación.

—Eres un verdadero artista, Lautaro, un poeta —dijo el abuelo.

—Y yo te quiero, mucho, mucho, abuelito —dijo Lautaro abrazándolo.

Respuesta a la lectura

Resumir

Usa detalles importantes para resumir *África.*

Personaje	Pista	Punto de vista

Evidencia en el texto

1. ¿Cómo sabes que *África* es un cuento de ficción? **GÉNERO**

2. En la página 10, ¿qué piensa Lautaro acerca de la selva? Incluye detalles del cuento. **PUNTO DE VISTA**

3. ¿Con qué se compara a las hormigas en la página 11? **METÁFORAS**

4. Escribe sobre cómo usa Lautaro su imaginación en el cuento *África.* **ESCRIBIR SOBRE LA LECTURA**

Género Poesía

Compara los textos

Ahora lee un poema sobre adónde puede llevarte la imaginación.

Iba tocando mi flauta

Juan Ramón Jiménez
(fragmento)

Iba tocando mi flauta
a lo largo de la orilla;
y la orilla era un reguero
de amarillas margaritas.

Illustration: Angel Mosquito

Notas van y notas vienen,
la tarde fragante y lírica
iba, a compás de mi música,
dorando sus fantasías,
y a mi alrededor volaba,
en el agua y en la brisa,
un enjambre doble de
mariposas amarillas.

Illustration: Ángel Mosquito

Mi flauta con sol lloraba
a lo largo de la orilla;
atrás quedaba un reguero
de amarillas margaritas...

Haz conexiones

¿Qué cosas puedes crear cuando usas tu imaginación? **PREGUNTA ESENCIAL**

¿Cómo muestran el cuento y el poema a las personas usando su imaginación? **EL TEXTO Y OTROS TEXTOS**

Enfoque: Elementos literarios

Diálogo Cuando los personajes hablan entre ellos, usan el diálogo. El diálogo puede ayudarte a comprender el punto de vista de un personaje.

Lee y descubre Mientras lees un cuento, busca las rayas de diálogo (—). Las rayas indican cuándo habla un personaje. Mira este ejemplo en la página 2 de *África*:

—¡Bienvenido, Lautaro, qué grata sorpresa!

Tu turno

Escribe un cuento con personajes y diálogo. Escribe sobre adónde lo lleva a un personaje su imaginación. Asegúrate de usar rayas de diálogo cada vez que hable un personaje. Incluye ilustraciones en tu cuento.